ADOLPHE JOANNE

GÉOGRAPHIE

DU

TERRITOIRE DE BELFORT

6 gravures et une carte

HACHETTE ET CIE

GÉOGRAPHIE

DU TERRITOIRE

DE BELFORT

AVEC UNE CARTE COLORIÉE ET 6 GRAVURES

PAR

ADOLPHE JOANNE

AUTEUR DU DICTIONNAIRE GÉOGRAPHIQUE ET DE L'ITINÉRAIRE GÉNÉRAL DE LA FRANCE

PARIS

LIBRAIRIE HACHETTE ET Cie

79, BOULEVARD SAINT-GERMAIN, 79

1882

TABLE DES MATIÈRES

TERRITOIRE DE BELFORT.

LISTE DES GRAVURES.

3534 -- Imprimerie A. Lahure, rue de Fleurus, 9, à Paris.

TERRITOIRE

DE BELFORT

I

Nom, formation, situation, limites, superficie.

Le Territoire de Belfort est ainsi *nommé* de l'importante forteresse qui surveille la « trouée de Belfort », profonde dépression ouverte entre les Vosges et le Jura.

Ce territoire ou département a été *formé* en 1871 d'un lambeau de l'ancien département du Haut-Rhin, qui a été en grande partie annexé à l'Allemagne à la suite d'une guerre désastreuse. Le département du Haut-Rhin avait été créé, en 1790, de territoires appartenant à l'**Alsace**, l'une des provinces qui constituaient alors la France.

Le Territoire de Belfort est *situé* à l'est de la France. Cinq départements, Seine-et-Oise, Seine-et-Marne, Aube, Haute-Marne et Haute-Saône, le séparent de Paris; trois, Nièvre, Côte-d'Or et Haute-Saône, du département du Cher, qui occupe assez exactement le centre de la France. La ville de Belfort est à 443 kilomètres de Paris par le chemin de fer, à 380 environ à vol d'oiseau; elle se trouve par 47° 38′ 13″ de latitude, et 4° 31′ 44″ de longitude est, c'est-à-dire qu'elle est plus rapprochée du Pôle que de l'Équateur, que séparent, on le sait, 90 degrés ou un quart de cercle. Belfort est à peu près sous la même longitude que Briançon et Draguignan, sous la même latitude que Vesoul, Gien et Vannes.

Le Territoire de Belfort est *borné* : au nord-est et à l'est, par la province d'Alsace-Lorraine, qui appartient à l'Allemagne; au sud et au sud-est, par la Suisse (canton de Berne); au sud-ouest, par le Doubs; à l'ouest, par la Haute-Saône; au nord, par le département des Vosges. Ces frontières sont artificielles ou naturelles: artificielles quand elles sont tirées à travers champs et non tracées par quelque obstacle tel que des montagnes, des rivières, ou au moins de gros ruisseaux; naturelles dans le cas contraire. Au nord, le Ballon d'Alsace ou de Saint-Maurice sert de borne géographique entre le Territoire de Belfort, le département des Vosges, celui de la Haute-Saône et l'Alsace. La ligne de démarcation entre le Territoire de Belfort et l'Alsace suit exactement la ligne de partage des eaux entre le bassin du Rhône et celui du Rhin. Du Ballon d'Alsace jusqu'à une dizaine de kilomètres au sud-est, la limite entre Belfort et la Haute-Saône coïncide avec la crête (Ballon de Saint-Antoine, Planche des Belles-Filles, mont Saint-Jean) d'une chaîne assez élevée des Vosges qui sépare la vallée de Giromagny de celle du Rahin. Au sud-est du Ballon d'Alsace, une autre série de crêtes (notamment le Bærenkopf), plus longue que la précédente, et appartenant au massif montagneux compris entre la vallée de Giromagny et celle de Massevaux, se dresse entre Belfort et l'Alsace. Partout ailleurs les limites du département sont conventionnelles.

La *superficie* du Territoire de Belfort est de 61,014 hectares; un seul département, celui de la Seine, a une étendue moindre. Sa plus grande *longueur*, du nord au sud, du Ballon d'Alsace à l'extrémité de la commune de Croix, est d'environ 45 kilomètres; sa plus grande *largeur*, de l'extrémité occidentale de la commune de Châtenois, à l'ouest, à l'extrémité orientale de celle de Suarce, à l'est, est de 22 kilomètres. Enfin, son *pourtour* est de 120 à 130 kilomètres, si l'on ne tient pas compte des sinuosités secondaires.

II

Physionomie générale.

Le Territoire de Belfort est occupé au nord par les montagnes des Vosges, et au sud par les dernières ramifications du Jura. Entre les extrémités de ces deux systèmes orographiques se creuse une profonde dépression qui fait communiquer la vallée du Rhône avec celle du Rhin : « c'est, dit M. Élisée Reclus, la fameuse **Trouée de Belfort**, qui donne passage à un canal, plusieurs routes et chemins de fer, et que surveille une puissante forteresse. Pour les relations pacifiques et guerrières des nations limitrophes, cette large ouverture de Belfort, qui permet de contourner au nord le rempart du Jura, au sud celui des Vosges, eut toujours une importance capitale, et des évènements récents ont prouvé que, même de nos jours, après la construction de tant de routes entre les deux versants des monts, cette plaine intermédiaire est restée une des grandes voies historiques dans l'ensemble de l'Europe. » Immédiatement au nord de cette dépression, le massif vosgien arrondit ses premiers « ballons. »

Les **Vosges**, les montagnes, sinon les plus belles, du moins les plus agréablement arrondies et les mieux boisées qu'il y ait en France, forment, à l'ouest de la grande plaine du Rhin, le pendant exact de la Forêt-Noire, à l'est de cette même plaine. Ces deux chaînes sont tellement semblables par leur aspect, par leur nature géologique, qu'on peut les considérer comme les contre-forts extérieurs d'une chaîne aujourd'hui disparue, qui, après avoir rempli toute la largeur de la vallée rhénane, se serait d'abord effondrée dans le sens de la longueur et que les érosions du fleuve auraient plus tard détruite presque entièrement, en laissant comme témoins les deux chaînes parallèles de l'Alsace et de Bade.

Les Vosges doivent leurs formes rondes à la nature de leurs roches, grès, schistes, granits, qui ne se laissent pas tailler à l'emporte-pièce, qui ne s'effondrent pas par larges pans réguliers comme des craies ou des calcaires. Elles n'ont point de pics, mais elles se terminent par des espèces de dômes qui portent le nom de « ballons » et par des plateaux, généralement de peu d'étendue, qui s'appellent « hautes chaumes. » Leurs pentes sont ou gazonnées ou boisées.

C'est dans les Vosges que se dresse, à l'extrémité septentrionale du Territoire, le point culminant du département, le **Ballon d'Alsace** (1,257 mètres) ; le point le plus bas est le confluent de la rivière de Saint-Nicolas ou Bourbeuse avec l'Allaine (330 mètres), soit une différence de niveau de plus de 900 mètres. La ligne d'altitude la plus basse suit la rivière de Saint-Nicolas et le canal du Rhône au Rhin, qui traversent le Territoire dans la direction du nord-est au sud-ouest. Le sommet du Ballon d'Alsace offre une vue admirable. A l'est, à la limite des chaumes, on aperçoit, en Alsace, les hauteurs qui dominent le vallon des Charbonniers à son extrémité supérieure. Au sud-est, on a à ses pieds la belle et verte vallée de Massevaux, semée de villages, arrosée d'eaux vives dont le lac de Sewen marque l'origine, et dans le fond, la dominant à gauche, la hauteur du Rossberg. Au delà de ce riant paysage, en se portant vers le sud, le regard découvre au loin Belfort.

Belfort.

dont la forteresse se voit distinctement par les temps clairs, et que signalent les eaux miroitantes des étangs situés dans le voisinage de cette ville. Enfin, en se tournant vers l'ouest et le nord-ouest, on a devant soi la vallée de Presle et le Ballon de Servance (Haute-Saône), chargé de forêts de sapins. Au delà de ces premiers plans, on découvre, dans le lointain : à l'est, la vallée du Rhin entre Mulhouse et Bâle, et les gradins méridionaux de la Forêt-Noire; au sud-est, lorsque le temps est clair, les sommets découpés des Alpes bernoises, et même les glaciers resplendissants du Mont-Blanc. Parmi les cimes alpestres les plus distinctes, nous signalerons, en suivant la ligne de l'horizon, de gauche à droite : le Wetterhorn, le Schreckhorn, l'Eiger, la Jungfrau, le Blumlisalp, etc. Enfin, si l'on se tourne de nouveau vers le sud et l'ouest, les lignes bleues et sinueuses du Jura, presque toujours visibles, encadrent au loin le ciel.

Du Ballon d'Alsace, les Vosges envoient au sud-est et au sud-ouest deux importantes ramifications, entre lesquelles s'ouvre la belle vallée de la Savoureuse ou de Giromagny et qui offrent une série de ballons couronnés de petits plateaux fertiles. Le massif occidental, le moins considérable mais le plus élevé, sépare la vallée de Giromagny de celle du Rahin (Haute-Saône). Il offre successivement, à partir du Ballon d'Alsace, des altitudes de 1,120 mètres, de 1,001 mètres (*Ballon de Saint-Antoine*), de 1,091, de 1,150 (*Planche des Belles-Filles*) et de 815 mètres au *mont Saint-Jean*, qui domine Auxelles-Haut; au sud de cette montagne, le territoire s'abaisse subitement de 300 à 400 mètres; ce ne sont plus les Vosges.

Le massif montagneux qui se dresse à l'est de la vallée de Giromagny a 10 kilomètres environ à vol d'oiseau dans sa plus grande largeur; il sépare la vallée de Giromagny de celle de Massevaux (Alsace). C'est dans ce massif que naissent les rivières de la Madeleine, de Saint-Nicolas et de Riervescemont. La ligne de faîte du massif offre, du nord-ouest au sud-est, des altitudes de 1,142, 1,091 (signal des *Plaines*),

1,069, 1,077 mètres (le *Bærenkopf*), 1,005, 928 mètres (signal de *Sudel*), et de 800 mètres à la *montagne des Boulles*, au-dessus de Rougemont, bourg au sud duquel le territoire n'est plus qu'à 400 mètres d'altitude. Le reste du massif offre une hauteur moyenne de 700 à 900 mètres au-dessus du niveau de la mer.

De Sermamagny à la sortie du Territoire de Belfort, la Savoureuse est dominée par des hauteurs dont l'altitude dépasse généralement 400 mètres, et atteint même 647 mètres à la montagne du *Salbert* et 493 à la *forêt d'Arsot*, montagnes dominant au nord-ouest et au nord la ville de Belfort, qu'entourent des collines (la *Miotte*, la *Justice*, etc.) élevées d'une cinquantaine de mètres au-dessus de la rivière. Tout le territoire compris entre Lachapelle-sous-Rougemont, Belfort et Delle, d'une part, et la limite orientale du département, de l'autre, offre une altitude inférieure à 400 mètres.

Près de Delle, au sud de la trouée de Belfort, s'élèvent des monts calcaires, en partie boisés (512 mètres d'altitude dans la forêt de Florimont), situés sur la limite de la France, de l'Alsace et de l'ancien évêché de Bâle ou pays de Porrentruy et de Délémont, terre de langue française et de religion catholique faisant aujourd'hui partie du canton de Berne (Suisse). Des sites pittoresques embellissent ce massif, commencement du Jura. La chaîne du **Jura** n'appartient pas seulement au département qui porte son nom, mais encore aux départements du Doubs, de l'Ain, de la Savoie et de la Haute-Savoie, et pénètre aussi sous d'autres dénominations jusque dans l'Isère et la Drôme. En Suisse, le Jura occupe toute la lisière occidentale de la confédération entre le Rhône et le Rhin; puis, franchissant ce fleuve près de l'embouchure de l'Aar, il pénètre en pleine Allemagne, et, sous le nom de *Rauhe Alp* (âpre montagne) et d'*Erzgebirge* (monts des métaux), se développe jusqu'aux bords de l'Elbe. Sa longueur totale et d'environ 900 kilomètres.

III

Cours d'eau.

Le Territoire de Belfort est compris tout entier dans le bassin du Rhône, c'est-à-dire que tous ses cours d'eau se déversent, soit directement, soit indirectement, dans le Doubs, principal tributaire de la Saône, qui est elle-même l'affluent le plus important du grand fleuve après l'Isère.

Le **Rhône** ne touche point le Territoire de Belfort, il en passe même fort loin. Formé dans la Suisse par les glaces et les neiges des Alpes, il traverse le lac de Genève ou Léman, entre en France en aval de Genève, passe à Lyon où il reçoit la Saône, et tourne brusquement au sud, tandis que jusque là il avait coulé (sauf de grands détours) vers le sud-ouest. De Lyon à la mer, il reçoit l'Isère, la Drôme, la torrentueuse Durance, beaucoup de rivières rapides et à très fortes crues envoyées par les Alpes et par les Cévennes, et, après avoir baigné Avignon et Arles, il se jette dans la Méditerranée, à l'ouest de Marseille, par deux branches, le Grand Rhône et le Petit Rhône, qui enferment l'île marécageuse appelée Camargue. Ce fleuve considérable, le troisième de l'Europe pour la masse d'eau (après le Danube et le Volga), roule à l'étiage, c'est-à-dire quand il n'a pas plu depuis longtemps, 550 mètres cubes d'eau par seconde ; son débit moyen ou module est de 2,603 ; son débit en très grande crue, de 12,000 au moins.

La **Saône**, large et calme rivière, qui elle non plus ne touche point le Territoire, vient du département des Vosges.

Elle y jaillit à Viomènil, par 396 mètres d'altitude, au pied d'un sommet de 472 mètres, dépendant de la chaîne des monts Faucilles. Dans le département de la Haute-Saône, où elle entre à sa sortie des Vosges, elle ne baigne qu'une ville importante, Gray, mais elle s'y grossit d'affluents qui lui donnent beaucoup d'eau. Dans la Côte-d'Or, où elle serpente à travers de vastes prairies, elle rencontre Auxonne, Saint-Jean-de-Losne et Seurre. Elle quitte ensuite la Côte-d'Or pour pénétrer dans le département de Saône-et-Loire, où elle reçoit une grosse rivière, le Doubs, qui lui apporte les eaux d'une grande portion du Jura français; baigne Châlon, sépare ensuite les départements de l'Ain et de Saône-et-Loire, puis ceux de l'Ain et du Rhône, coule au pied du Mont-d'Or et tombe, à Lyon, par 162 mètres d'altitude, dans le Rhône, dont elle est le plus grand affluent de droite. Elle lui verse 60 mètres cubes d'eau par seconde pendant les sécheresses, 250 mètres dans les eaux moyennes, 4,000 mètres dans les grosses inondations. Son cours est de 455 kilomètres. La superficie de son bassin est de 2,980,000 hectares.

Le **Doubs**, une des plus belles rivières de la France, passe à 6 ou 7 kilomètres au sud du Territoire. Il sort, à 1500 mètres de Mouthe (Doubs) et à 937 mètres d'altitude, d'une petite grotte dominée par la forêt de Noirmont (1,209 mètres). Il baigne Baume-les-Dames et Besançon, entre dans le département du Jura, où il rencontre Dôle, puis dans le département de Saône-et-Loire, où il débouche, à Verdun, dans la Saône, qu'il surpasse en longueur de 155 kilomètres. — Le Doubs reçoit, du Territoire de Belfort, l'Allaine, qui recueille toutes les eaux du pays.

L'**Allaine**, rivière appelée *Allan* à partir de l'embouchure de la Savoureuse, et dont le cours est de 67 kilomètres (35 en France), prend sa source en Suisse (canton de Berne). Elle entre dans le Territoire de Belfort un peu en amont de Delle et, prêtant sa vallée au chemin de fer de Montbéliard à Porrentruy, baigne les communes de Delle, Joncherey, Thiancourt, Grandvillars, Morvillars, sépare pendant 3 ou 4 kilomètres le Territoire de Belfort du Doubs, avant de pénétrer dans ce dernier département. Après avoir baigné Montbéliard, elle se jette dans le Doubs (310 mètres d'altitude) à 1 kilomètre de Voujaucourt.

Vers l'Allaine se dirigent le ruisseau de Saint-Dizier, la Cavatte, la rivière de Saint-Nicolas et la Savoureuse.

Le *ruisseau de Saint-Dizier* passe à Lebétain et tombe dans l'Allaine (rive gauche) à Delle.

La *Cavatte* naît dans le canton de Berne (Suisse), entre dans le Territoire de Belfort, baigne Courcelles, Florimont, — où débouche la *Vendline*, qui vient aussi de Suisse (canton de Neuchâtel) par Rechésy et Courtelevant, — Faverois, et se jette à Joncherey (rive droite) dans l'Allaine.

La *rivière de Saint-Nicolas* (39 kilomètres), qui s'appelle aussi *Aine* et *rivière des Montreux*, descend du Bærenkopf (1077 mètres), baigne Rougemont, Leval, Petite-Fontaine, Lachapelle-sous-Rougemont, Angeot, Larivière, Fontaine, Foussemagne, Montreux-Château, puis rencontre le canal du Rhône au Rhin (*V.* p. 54), qui emprunte sa vallée. Elle passe ensuite à Froide-Fontaine, croise le chemin de fer de Belfort à Delle, longe Bourogne et rejoint l'Allaine à la limite même du département du Doubs, près des forges de Meziré. — La rivière de Saint-Nicolas a pour affluents : à Angeot, (rive gauche) la *Rapine* ; — près de Larivière, (rive droite) le *Magrobach*, alimenté par les étangs de Saint-Germain et de Romagny ; — à Montreux-Château, (rive gauche) la *Suarcine* ou *Sarcine*, née en Alsace-Lorraine, et la *Loutre*, qui a son origine près de Vauthiermont et passe à Reppe ; — à Autrage, (rive droite) la *Madeleine* (20 kilomètres), qui prend sa source à la Madeleine, au pied du Ballon Gunon (925 mètres) et du Bærenkopf (1,077 mètres), passe à la Madeleine, à Étueffont-Haut, Étueffont-Bas, Anjoutey, Bethonvilliers, la Collonge et Petit-Croix, village près duquel elle recueille les eaux de l'*Autruche* (qui passe à Bessoncourt) grossie de la *Clavière*

Roche de Belfort et la Savoureuse.

et des *Breuleux;* — en amont d'Eschêne, (rive droite) la *Praille*, qui vient de Vezelois, et (rive gauche) le *ruisseau de Brebotte* et la *Bousserat;* — un peu en aval de Froidefontaine, (rive droite) la *Praie*, qui a son origine à Meroux.

La **Savoureuse** (40 kilomètres) naît au pied du Ballon d'Alsace, coule dans une profonde gorge boisée, passe à Lepuix, à Giromagny, à Chaux, à Sermamagny, croise le chemin de fer de Paris à Bâle, baigne Valdoie, Belfort, Danjoutin, Andelnans et se jette dans l'Allaine au Vieux-Charmont (Doubs). — La Savoureuse reçoit: en amont de Lepuix, (rive gauche) le ruisseau de la *Goutte-des-Forges* et la *Goutte-Thierry*, qui descendent du signal des Plaines; — à Lepuix, (rive droite) la *Beucinière*, qui vient du Ballon de Saint-Antoine; — en aval de Sermamagny, (rive droite) le *Rhôme*, qui a sa source au pied de la Planche des Belles-Filles, passe à Auxelles-Haut, Auxelles-Bas et à Lachapelle-sous-Chaux; — un peu plus en aval, (rive droite) le *Vert-Botté*, déversoir des étangs d'Évette; — près de Valdoie, au pied de la forêt d'Arsot, (rive gauche) la *Waivre*, qui descend, sous le nom de *Rosmontoise*, de la forêt de la Grande-Roche (1,069 mètres), passe à Vescemont, près de Giromagny, à Rougegoutte et à Eloie; — près de Belfort, (rive gauche) le *ruisseau de l'étang de la Forge;* — à Bermont, (rive droite) la *Douce*, née d'une forte source à Bavillers.

ÉTANGS. — Le principal étang est celui de *Malsaucy* (à Évette), long de 1,500 mètres, et qu'avoisine celui de *Sermamagny*, localité entourée de plusieurs autres étangs, tels que ceux de Courbe-Chaussée et des Barbeaux; les étangs Mazarin, des Mielles, Verlin, des Oies, Remoirel, l'étang la Femme et l'étang de la Vieille, situés entre la vallée de la Savoureuse et celle de la Waivre. Près de Belfort, le grand *étang des Forges* s'écoule dans la Savoureuse. D'autres nappes d'eau moins vastes, les Rouges étangs, les étangs des Charmettes, Bouchon, Remuidé, avoisinent le village de Leval. Citons enfin ceux d'Autruche, à Roppe, et de Fourche, à Faverois.

IV

Climat.

Deux climats bien différents règnent sur le territoire, le climat vosgien et le climat rhodanien, deux des sept entre lesquels on a l'habitude de partager la France et qu'on nomme: climat vosgien (à Langres, par exemple), climat séquanien (à Paris), climat armoricain ou breton (à Brest), climat girondin (à Bordeaux), climat méditerranéen (à Toulon), climat auvergnat (au Puy-en-Velay), enfin climat rhodanien. Toute la partie du département située au nord de la ville de Belfort est soumise au *climat vosgien*, qui se distingue par la longueur et la rigueur de l'hiver, les changements brusques de température, et une grande humidité, entretenue par la nature du sous-sol, généralement composé de roches dures, froides, presque imperméables. Dans les Vosges, il tombe 80 centimètres à 1 mètre d'eau par an, quantité supérieure à la moyenne de la France entière, qui est de 77 centimètres.

Le *climat rhodanien*, auquel appartient le reste du département est ainsi nommé parce qu'il règne le long du Rhône. Moins égal que les climats séquanien, breton, girondin et méditerranéen, moins brusque et moins dur que le climat vosgien et que l'auvergnat, il se distingue par la beauté de l'été et de l'automne. La hauteur des pluies est de 60 à 80 centimètres, c'est-à-dire qu'on recueillerait, au bout de douze mois, une nappe d'eau de cette épaisseur, si la pluie, la neige, n'étaient pas absorbées par la terre ou vaporisées par le soleil.

Le vent qui souffle le plus fréquemment dans cette région est celui du nord-est, la *bise*, vent froid qui dessèche le sol et les cultures.

V

Curiosités naturelles.

Le Territoire de Belfort n'a pas de curiosités naturelles proprement dites, si ce n'est la grotte de Cravanche; mais la partie montagneuse ou vosgienne du département offre des vallées renommées pour leurs paysages, des montagnes couvertes de belles forêts, de vastes panoramas, notamment celui du Ballon d'Alsace (*V.* p. 6).

Parmi les vallons, nous signalerons surtout celui de Lepuix, qui s'ouvre dans la vallée de la Savoureuse et qu'arrose le ruisseau de la Beucinière. « Vous tous, a dit Charles Nodier, qui avez voyagé dans tous pays et qui n'avez point vu la gorge romantique du Puix, il vous reste un voyage essentiel à faire. »

VI

Histoire.

Belfort a dû son origine à un château que l'avantage de sa situation ou la beauté de sa construction avait fait appeler « beau fort. » Cette forteresse fut probablement élevée, au treizième siècle, par un seigneur de Montbéliard, dans le but de s'opposer aux incursions de ses belliqueux voisins de Ferrette, de Besançon et de Porrentruy. Le territoire de Belfort relevait, en effet, au commencement du treizième siècle, du comté de Montbéliard, comme le prouve un accord survenu, en 1226, entre le comte de Montbéliard et celui de Ferrette. Ce dernier faisait abandon à son rival de toute prétention à la possession du château de Belfort et donnait sa fille Alix en mariage à Thierry, fils aîné du comte de Montbéliard. Ce mariage n'eut lieu que deux ans plus tard (1228). Thierry, devenu comte de Montbéliard, sous le nom de Thierry III, rendit hommage pour son château de Belfort, menacé par le duc de Bourgogne, à Mathieu, duc de Lorraine, son aïeul maternel.

En 1280, Wilhelmine, comtesse de Montbéliard, épousa Renaud de Bourgogne, à qui Belfort a dû sa première charte d'affranchissement. L'empereur Rodolphe étant venu ravager la Franche-Comté sous prétexte que Besançon favorisait les ennemis de l'Autriche, fut battu sous les murs de cette ville par Robert, duc de Bourgogne, et son allié, le comte de Ferrette. Dans sa retraite, il contraignit Renaud de Bourgogne à lui payer 8,000 marcs d'argent, que le comte de Montbéliard se procura en vendant aux Belfortains leur indépendance (1307). Les habitants élisaient un magistrat, ou conseil municipal de neuf membres, chargé de l'administration civile et judiciaire de la ville, tandis que le comte se réservait la nomination du prévôt, qui connaissait des causes criminelles. De plus, à la condition qu'ils entretiendraient les fortifications de Belfort, le comte Renaud concédait à ses vassaux la forêt du Salbert, dont le revenu assez important est encore aujourd'hui la principale ressource de la commune de Belfort.

Othenin, fils du comte Renaud, étant mort sans postérité en 1331, la seigneurie de Belfort fut attribuée à une de ses sœurs, Jeanne, qui se maria trois fois, la première à Ulric II, comte de Ferrette, un des plus puissants feudataires de l'Alsace. La fille d'Ulric, appelée Jeanne comme sa mère, porta la seigneurie de Belfort dans la maison d'Autriche, en épousant (1319) le duc Albert, landgrave de la Haute-Alsace. C'est elle qui fonda à Belfort un hôpital (1349) et la collégiale Saint-Christophe (1342).

En 1348, le pays fut décimé par la peste; les populations ignorantes, attribuant aux Juifs la cause du fléau, firent périr par le feu plusieurs de ces infortunés.

En 1375, l'Alsace fut ravagée par des bandes d'Anglais et de malandrins, qui toutefois ne purent prendre Belfort. Mais, quelques années après, la ville fut entièrement détruite par un incendie.

En 1468, l'archiduc Sigismond ne pouvant châtier les Suisses qui étaient venus ravager l'Alsace, engagea le comté de Ferrette, le Sundgau et le Brisgau à Charles le Téméraire, duc de Bourgogne, pour la somme de 70,000 florins d'or. Ce prince envoya en Alsace un gouverneur nommé Hagenbach, qui opprima le pays et que ses crimes conduisirent à l'échafaud (1474). Après sa mort, son frère Étienne se jeta sur le pays, où il incendia de nombreux villages.

La seigneurie de Belfort resta dans la maison d'Autriche depuis l'année 1319 jusqu'à la conquête de l'Alsace par Louis XIV. Mais pendant quelques années (1555-1563), elle fut engagée à la famille de Florimont ou Mœrsperg, dont les membres prirent le titre de barons de Belfort. Toutefois la ville conserva son organisation municipale. Gardé d'abord par les paysans des environs, le château fut occupé en 1590 par une garnison permanente.

Pendant la guerre de Trente-Ans, le comté de Ferrette eut à subir toutes les horreurs de l'invasion. Les troupes suédoises, sous le commandement du rhingrave Othon, s'emparèrent sans résistance de la ville et du château de Belfort (1632). Dépossédés de leur conquête, l'année suivante, par les troupes catholiques du duc de Feria, les Suédois reprirent la ville en 1634, après la défaite des Impériaux à Wattwiller.

En 1636, le comte de la Suze, gouverneur de Montbéliard pour le roi de France, prit Belfort, dont Louis XIII le nomma gouverneur, mais qui toutefois ne fut définitivement cédé à la France qu'en 1648, par le traité de Westphalie. Pendant la Fronde, le comte, ayant embrassé le parti des princes, fut assiégé dans son château par le maréchal de la Ferté et dut capituler.

En 1659, Louis XIV donna la seigneurie de Belfort au cardinal Mazarin, dont les héritiers, les Valentinois, la possédèrent jusqu'à la Révolution. Mais le roi en eut toujours la souveraineté et fit fortifier la ville par Vauban.

En 1674, Belfort fut menacé d'un siège et canonné par les Impériaux ; mais une habile manœuvre de Turenne le sauva.

En 1814, les Alliés s'en emparèrent. En 1815, Belfort fut brillamment défendu par le général Lecourbe, qui livra plusieurs combats meurtriers aux troupes autrichiennes de l'archiduc Ferdinand et sut se maintenir sous les murs de la place jusqu'à la seconde Restauration.

En 1821, Belfort fut le centre d'une conspiration qui avorta. A la suite d'une première tentative d'insurrection, les membres d'une société secrète, les *Amis de la Vérité*, avaient été obligés de se réfugier en Italie, où ils s'étaient affiliés à l'immense association révolutionnaire des Carbonari. L'un d'eux revint en France avec le plan d'une association analogue à l'association italienne et qui eut bientôt des ramifications dans les principales villes de la France. Le but des conjurés était la substitution de la République ou de la constitution de l'an III à la monarchie des Bourbons. Le colonel Pailhès et ses compagnons arrivèrent à Belfort pour s'emparer de la place. Mais la nouvelle du complot ne tarda pas à s'ébruiter, grâce aux dénonciations d'un sous-officier, et quand arriva le général Lafayette, qui devait se mettre à la tête de la révolution, le commandant de place Toustain avait pris toutes les mesures de répression nécessaires. Lafayette dut rétrograder, et les conjurés prirent la fuite. Les coupables qui furent pris furent condamnés à la prison, les contumaces à la peine de mort. Le colonel Caron, qui voulut susciter une nouvelle insurrection, fut seul exécuté.

De nos jours, Belfort a offert le fait le plus mémorable de son histoire. En 1870, après la reddition de Strasbourg et la capitulation de Metz, les armées du général de Werder et du prince Frédéric-Charles; ayant recouvré leur liberté d'action, se dirigèrent la première vers la Bourgogne, la deuxième vers Paris. Pendant que le général de Werder atteignait la Saône et poussait même ses troupes jusqu'à Dijon, le général de Treskow, placé sous ses ordres, et commandant la première division de la réserve, se dirigeait sur Belfort et l'investissait le 3 novembre 1870. Quelques jours plus tard, le général de Schmeling, après s'être emparé des places de Schlestadt et de Neuf-Brisach, venait fortifier l'armée assiégeante en laissant à Treskow une partie de la quatrième division de réserve. Pas plus que Metz, Belfort n'avait été mise à même d'opposer à l'ennemi une résistance sérieuse; mais, depuis deux mois, on avait mis la main à l'œuvre, et, grâce à quelques officiers dévoués qui avaient poussé les travaux avec la plus grande activité, Belfort était, au moment de son investissement, en état de soutenir un long siège, même contre des forces considérables : les ouvrages extérieurs qui complétaient ses fortifications étaient presque terminés et ses approvisionnements en vivres et en munitions laissaient peu à désirer.

Le lieutenant-colonel Denfert-Rochereau, qui avait été nommé gouverneur de Belfort à la place du colonel Crouzat appelé à un commandement dans l'armée de l'Est, était un officier du génie instruit et énergique, qui devait ne rien négliger pour parer à toute éventualité. Nul mieux que lui n'eût su tirer parti de toutes les ressources dont la nature ou l'art avait doté ce point stratégique, cette vallée de la Savoureuse, véritable porte ouverte sur l'intérieur de la France.

Pour défendre Belfort et les nombreuses positions qui l'entourent, le colonel Denfert avait 300 canons, mais il ne disposait que d'une force de 16,000 hommes composée d'éléments assez disparates et de mobiles inexpérimentés; heureusement il avait pour le seconder quelques officiers de mérite : les capitaines du génie Brunetot, Degombert, Thiers, le capitaine d'artillerie de La Laurencie, et quelques autres

Tour de la Miotte, à Belfort.

sur lesquels il pouvait entièrement se reposer. Le général de Treskow était à la tête d'une artillerie puissante et de troupes nombreuses, mais on était à Belfort en mesure de repousser victorieusement ses attaques.

L'investissement de la place, très incomplet d'abord, se

resserrait bientôt davantage, et les opérations du siège commençaient d'une manière sérieuse. Tous les efforts du général allemand tendaient à le rapprocher par degrés de la ville et à rejeter la défense dans ses retranchements. Le colonel Denfert multipliait les sorties afin de conserver intactes les positions qu'il avait cru devoir occuper.

Le 15 novembre, il se portait en force dans la direction de Bessoncourt et faisait éprouver aux assiégeants des pertes sérieuses. Cependant ses efforts n'arrêtaient pas la marche en avant de l'ennemi, qui avançait d'une manière peu sensible mais toujours sûre. Les assiégés perdaient bientôt l'une après l'autre les positions avancées sur lesquelles ils s'étaient établis : Bessoncourt, à l'est, puis Cravanche, au pied du Grand-Salbert, le Mont, au nord, Essert, à l'ouest, Bavilliers, au sud-ouest, étaient successivement enlevés par les troupes allemandes; enfin, le 8 janvier, trois semaines environ après le jour où le bombardement avait commencé, les soldats de Treskow s'emparaient, après d'énergiques efforts et au prix des plus grands sacrifices, des ouvrages de Danjoutin et faisaient 700 prisonniers. Ces succès redoublent l'audace des assiégeants. Les attaques se multiplient et deviennent de plus en plus violentes. La Suisse, s'apitoyant sur le sort de la malheureuse population de Belfort, envoie une députation à Treskow afin d'obtenir l'autorisation de conduire à Porrentruy les femmes, les enfants et les vieillards de la ville assiégée. Moins humain que le général de Werder, qui avait accordé cette faveur à Strasbourg, Treskow refuse.

Le 9 janvier, les habitants de Belfort apprennent la marche de Bourbaki vers l'Est. Les courages abattus se raniment. La victoire de Villersexel est pour eux le signal de la délivrance, et lorsque, le 15, ils entendent tonner le canon d'Héricourt, ils croient enfin être arrivés au terme de leurs souffrances. Hélas! des déceptions cruelles les attendaient. L'armée de Bourbaki, après avoir lutté héroïquement pendant trois jours contre les armées réunies de Werder et de Manteuffel, vaincue par l'hiver plus encore que par l'ennemi, est obligée de battre en retraite sur Besançon. En s'éloignant, l'armée française emporta avec elle la dernière espérance des habitants de Belfort, qui, depuis trois mois, supportaient sans faiblir un bombardement, dont la garnison avait peut-être moins à souffrir que la population civile.

Le 28 janvier, l'armistice qui suspendait les opérations militaires ayant été signé, la lutte s'arrêta dans le Nord et sur la Loire. Mais l'armée de Bourbaki était harcelée dans sa retraite avec plus d'acharnement que jamais. Les canons des batteries de Treskow continuaient à faire tomber sur Belfort une pluie de fer et de feu. Le colonel Denfert résistait fièrement, et nul n'eût parlé de se rendre, lorsqu'un ordre formel du gouvernement contraignit les défenseurs de Belfort d'ouvrir aux Allemands les portes de leur forteresse, dont ils ne sortirent qu'avec les honneurs de la guerre.

Cette héroïque résistance a eu pour résultat de conserver à la France une portion de l'ancien département du Haut-Rhin, une citadelle dont l'importance stratégique est considérable et une population dont le patriotisme est désormais célèbre. Belfort, autrefois chef-lieu d'arrondissement, est aujourd'hui le chef-lieu du département du Haut-Rhin, auquel ses dimensions exiguës ont fait donner le nom de Territoire de Belfort.

VII

Personnages célèbres.

L'abbé Felemez, prédicateur, mort en 1783 à Belfort, où il était né.

L'abbé JOSEPH DE LA PORTE (1718-1779), littérateur, né à Belfort; son principal ouvrage est *Le Voyageur français*.

L'abbé JEAN-PIERRE RICHARD (1743-1820), né à Belfort, prédicateur de Louis XVI.

Le général SCHERER (1747-1804), né à Delle, ministre de la guerre en 1797.

Le général BEURET (1803-1859), né à Larivière, tué à Montebello.

JEAN-BAPTISTE-ALEXANDRE STROLTZ (1771-1841), né à Belfort; général, baron de l'Empire, pair de France.

PIERRE-FRANÇOIS-XAVIER BOYER (1772-1851), né à Belfort; général.

JEAN-PIERRE-FRANÇOIS-DIEUDONNÉ ROUSSEL (1782-1851), né à Belfort; général, fit presque toutes les campagnes de la République et de l'Empire.

FRANÇOIS-JOSEPH HEIM (1787-1865), né à Belfort; peintre d'histoire, membre de l'Institut, professeur à l'École des beaux-arts. Outre de nombreuses toiles, on lui doit un grand nombre de portraits, ainsi que les peintures de la salle des Conférences à la Chambre des députés et celles de la chapelle des Ames du purgatoire, à l'église Saint-Sulpice à Paris.

FRANÇOIS-GUSTAVE DAUPHIN (1807-1859), peintre d'histoire, né à Belfort.

ÉMILE KELLER, né à Belfort en 1828, homme politique, député, écrivain (*Histoire de France; le général de Lamoricière, sa vie militaire, politique et religieuse;* etc.).

VIII

Population, langues, cultes, instruction publique.

La *population* du Territoire de Belfort s'élève, d'après le recensement de 1876, à 68,600 habitants (36,532 du sexe masculin, 32,068 du sexe féminin). A ce point de vue, c'est le dernier département. Le chiffre des habitants divisé par celui des hectares donne environ 112 habitants par 100 hectares ou par kilomètre carré; c'est ce qu'on nomme la *population spécifique*. La France entière ayant 69 à 70 habitants par kilomètre carré, il en résulte que le Territoire de Belfort renferme, à surface égale, 42 à 43 habitants de plus que l'ensemble de notre pays. Sous ce rapport, c'est le septième département.

Depuis 1872, le Territoire a gagné 11,819 habitants. Cette augmentation est due à l'immigration des Alsaciens qui, à la suite de l'annexion de leur patrie à l'Allemagne, ont opté pour la nationalité française.

Toute la population parle la *langue* française; toutefois, dans le canton de Delle, les habitants connaissent aussi l'allemand.

La majorité des habitants professe le *culte* catholique. Mais les protestants sont nombreux dans le Territoire de Belfort. 300 anabaptistes se réunissent, pour la célébration de leur culte, à la May (près de Menoncourt) ou à Florimont. Les Israélites ont des temples à Belfort, à Foussemagne et à Giromagny.

Le nombre des *naissances* a été, en 1879, de 1,920; celui des *décès*, de 1,539 (plus 83 mort-nés); celui des *mariages*, de 513.

Le *lycée* de Belfort a compté, en 1877, 510 élèves; 3 *institutions secondaires libres*, 684; 166 *écoles primaires*, 10,582; 21 *salles d'asile*, 1759.

Les opérations du recrutement en 1877 ont donné les résultats suivants :

Jeunes gens ne sachant ni lire ni écrire.	89
— sachant lire seulement.	19
— sachant lire, écrire et compter	2,210
— bacheliers.	21
— dont on n'a pu vérifier l'instruction . .	68
Total	2,407

Sur 31 accusés de crimes, en 1877, on a compté :

Accusés ne sachant ni lire ni écrire.	4
— sachant lire ou écrire imparfaitement. . .	
— sachant bien lire et bien écrire.	26
— ayant reçu une instruction supérieure . .	1

IX

Divisions administratives.

Le Territoire de Belfort ressortit : pour le culte catholique à l'archevêché de Besançon ; pour le culte protestant, au consistoire d'Héricourt (Haute-Saône), et pour le canton de Delle, au consistoire d'Audincourt (Doubs); pour le culte israélite, à la circonscription consistoriale de Vesoul. — Il relève de la 14e division du 7e corps d'armée (Besançon). — Il ressortit à la cour d'appel de Besançon, — à l'Académie de Besançon, — à la 7e légion de gendarmerie (Besançon), — à la 5e inspection des ponts et chaussées, — au 12e arrondissement forestier (Besançon), — à l'arrondissement minéralogique de Chaumont (division du Nord-Est), — à la 6e région agricole (Est). — Il comprend 1 arrondissement (Belfort), 6 cantons, 106 communes.

Chef-lieu du Territoire et de l'arrondissement: BELFORT.

Arrondissement de Belfort (5 cant.; 106 com.; 61,014 hect.; 68,600 h.).

Canton de Belfort (32 com.; 13,786 hect.; 26,545 h.). — Andelnans — Argiésans — Banvillars — Bavilliers — Belfort — Bermont — Botans — Buc — Charmois — Châtenois — Chèvremont — Cravanche — Danjoutin — Dorans — Eschène-Autrage — Essert — Fontenelle — Meroux — Moval — Novillard — Offemont — Pérouse — Rechotte — Roppe — Salbert — Sevenans — Trétudans — Urcerey — Valdoie — Vétrigne — Vézelois — Vourvenans.

Canton de Delle (30 com.; 18,479 hect.; 18,122 h.). — Chavanatte — Chavannes-les-Grands — Beaucourt — Boron — Bourogne — Brebotte — Bretagne — Courcelles — Courtelevant — Croix — Delle — Faverois — Fesche-l'Église — Florimont — Froidefontaine — Grandvillars — Grosne — Joncherey — Lebetain — Lepuix — Meziré — Montbouton — Morvillars — Réchésy — Recouvrance — Saint-Dizier — Suarce — Thiancourt — Vellescot — Villars-le-Sec.

Canton de Fontaine (21 com.; 8,267 hect.; 6,636 h.). — Angeot — Bessoncourt — Bethonvilliers — Cunelières — Denney — Éguenigue — Felon — Fontaine — Foussemagne — Frais — Lachapelle-sous-Rougemont — Lagrange — Lacollonge — Larivière — Menoncourt — Montreux-Château — Petit-Croix — Phaffans — Reppe — Saint-Germain — Vauthiermont.

Canton de Giromagny (19 com.; 15,735 hect.; 13,470 h.). — Anjoutey — Auxelles-Bas — Auxelles-Haut — Bourg — Chaux — Éloie — Étueffont-Bas — Étueffont-Haut — Évette — Giromagny — Grosmagny — Lachapelle-sous-Chaux — Lepuix — Lamadeleine — Petit-Magny — Riervescemont — Rougegoutte — Sermamagny — Vescemont.

Ancien canton de Rougemont-Masseveaux (4 com.; 2,784 hect.; 2,681 h.). — Leval — Petite-Fontaine (La) — Romagny — Rougemont.

X

Agriculture; productions.

Le Territoire est, comme nous l'avons dit, vaste de 61,014 hectares. L'*Annuaire statistique de la France* de 1880 donne, pour la division des cultures et le rendement des récoltes (année 1877), les chiffres suivants :

Froment.	4,920	hectares	88,560	hectolitres.
Méteil.	792	—	12,572	—
Seigle.	2,280	—	36,480	—
Orge.	610	—	10,980	—
Avoine.	2,435	—	48,700	—
Pommes de terre. . . .	3,380	—	405,600	—
Légumes secs.	50	—	750	—
Betteraves	82	—	9,348	quintaux.
Chanvre.	44	—	220	—

Le reste du territoire se partage entre les terres incultes, les lits des cours d'eau, les étangs, les emplacements de villes, bourgs, villages, fermes, les surfaces prises par les routes, les chemins de fer, les cimetières et par les bois. Les principales **forêts**, situées dans les montagnes des Vosges, sont : celles d'Ullise et de la Beucinière, au-dessous du Ballon de Saint-Antoine ; le bois de Maleveaux, au fond de la vallée de Giromagny ; la forêt de la Grande-Roche, au-dessus de Riervescemont ; les forêts Saint-André et Paleroy, à l'est de Giromagny ; celles du Salbert, d'Arsot, de Denney, de Roppe, au nord-ouest, au nord et au nord-est de Belfort ; la forêt de Florimont, les bois de Châtenois, etc. Ces forêts, vastes de 20,493 hectares, ont donné en 1877 8,542 mètres cubes de bois d'œuvre, 88,265 de bois de feu et 10,366 quintaux d'écorce à tan. Le hêtre, le chêne, l'épicéa, le sapin, le mélèze, le bouleau, le charme et le frêne sont les essences dominantes.

Comme l'indiquent les chiffres ci-dessus, la principale culture du Territoire est celle du *blé*, répandu surtout dans les cantons de Delle et de Fontaine. Celle de la *pomme de terre* est aussi fort importante. L'*avoine*, le *seigle* et l'*orge* se récoltent dans les parties montagneuses du pays. Les *choux*, dont la production augmente chaque année, servent à fabriquer la choucroute dite de Strasbourg. Le Territoire de Belfort est l'un des départements où la culture du *tabac* est autorisée. Les *prairies artificielles*, qui, grâce à l'existence de nombreux cours d'eau, pourraient être fort belles, sont généralement l'objet de peu de soins.

En 1877, on comptait dans le Territoire 3,696 chevaux, 32 ânes, 15,213 animaux de l'espèce bovine, 4,963 moutons (4,700 kilogrammes de laine, valant 9,400 francs), 16,081 cochons, 1,946 chèvres, 3,500 chiens et 3,500 têtes de volaille. 2,380 ruches d'abeilles ont donné, la même année, 6,380 kilogrammes de miel, et 2,904 de cire.

XI

Industrie.

Il existe dans le Territoire de Belfort un groupe minéralogique fort remarquable, celui de Giromagny (2,916 hectares), qui s'étend aussi sur les communes de Lepuix, d'Auxelles-Bas et d'Auxelles-Haut. Cette vaste concession, qui n'est plus exploitée, renferme du cuivre, du plomb, de l'argent, du cobalt, du zinc, de l'arsenic ; on y rencontre aussi la syénite et le porphyre.

Dans les communes de Châtenois et de Vaulnaveys-le-Bas existent des *mines de fer* (256 hectares), appartenant à la Société des forges d'Audincourt. Le fer se rencontre aussi à Andelnans, Bessoncourt, Danjoutin, Éguenigue, Roppe, Sevenans et Vézelois.

Parmi les *carrières*, nous citerons celle de Saint-Germain, et celles d'Offemont, dont les blocs de grès rouge sont en partie expédiés par le canal du Rhône au Rhin.

Dans la commune d'Offemont, jaillissent des *sources minérales*, qui ne sont pas utilisées mais qui font mouvoir la forge de Belfort. A Châtenois existe une source d'eau saline chlorurée.

L'industrie manufacturière, fort active, comprend deux branches : la filature et le tissage du coton, et la métallurgie, qui occupent ensemble environ 10,000 ouvriers. L'**industrie cotonnière** est concentrée dans le canton de Giromagny, où l'on compte 48,000 broches, environ 1,800 métiers mécaniques et 110 à bras, occupant ensemble 1,850 ouvriers. Dans le canton de Belfort, Bavilliers possède 6,000 broches (60 ouvriers), et, avec Danjoutin, et Valdoie, 500 métiers mécaniques (370 ouvriers). A Belfort même existent des établissements de filature et retordage de coton, de retorderie de fils à coudre, des tissages de calicots et cretonnes, des fabriques de tissus en tous genres (grisettes, toiles, etc.). Enfin on trouve d'autres tissages de coton à Rougemont, à Saint-Germain et à Bethonvilliers, et une filature de laine à Offemont.

Les deux principaux centres de l'**industrie métallurgique**, industrie qui ici consiste surtout dans la fabrication de la quincaillerie, sont Beaucourt et Grandvillars. A Beaucourt, MM. Japy ont créé des établissements considérables (6,000 ouvriers) où se fabriquent une grande quantité de vis à bois et pour métaux, de boulons, d'objets en fer battu poli étamé, verni et émaillé, de serrurerie, quincaillerie, pompes, meubles de jardins, ébauches de montres, mouvements de

Moulin de Belfort.

pendules, pendules et montres finies. Grandvillars a des forges, une tirerie de fils de fer et une fabrique de vis à bois, boulons, pitons, etc., genres d'établissements que l'on retrouve à Morvillars.

La ville de Belfort a deux usines à fer importantes : une forge, où l'on fabrique du fer au bois et des essieux, et une fabrique d'instruments agricoles, de serpes, essieux, etc. Châtenois (forges et fonderie) également produit des outils aratoires, ainsi que des objets pour la carrosserie et le charronnage. Valdoie a une fonderie (et laminoir de laiton) et un atelier de construction de machines. Enfin Auxelles-Haut confectionne diverses pièces pour l'horlogerie.

En 1878, les usines du département ont fabriqué 2,149 tonnes de fer.

Les autres établissements industriels du département sont les *imprimeries* typographiques et lithographiques de Belfort et de Beaucourt; les *brasseries* de Beaucourt, Belfort, Courtelevant, Cravanche, Jonchery et Lachapelle-sous-Rougemont; les *scieries* de Belfort, Chaux, Étueffont-Haut, Giromagny, Lepuix et Vescemont; la distillerie de betteraves de Fontaine; à Danjoutin, une fabrique de câbles pour transmission de forces motrices; les *huileries* de Delle, Lepuix, etc.; des fabriques de *bonneterie*, à Belfort, Rechésy et Reppe; des fabriques de broderie au crochet (à Foussemagne) et de toiles d'emballage ou à sacs (à Delle); une fabrique de pianos à Morvillars; une savonnerie à Danjoutin (1,500 quintaux métriques de savon par an); une fabrique de produits chimiques à Chaux, une de ciment à Roppe; des *tuileries* ou briqueteries à Bavilliers, Beaucourt, Foussemagne, Jonchery, Lepuix, Rechésy et Rougemont, Giromagny, et plusieurs moulins.

XII

Commerce, chemins de fer, routes.

Le Territoire de Belfort *importe* des matières premières pour ses filatures et ses usines métallurgiques, des houblons et des vins d'Alsace, de la houille, des matières tinctoriales, des articles d'ameublement, d'orfèvrerie, de bijouterie, de modes, de librairie, des denrées coloniales, de l'épicerie, des liqueurs et eaux-de-vie, etc.

Il *exporte* une quantité considérable de quincaillerie, des calicots et cotonnades, de la bonneterie, des bois des Vosges, de la choucroute, des pierres de taille, et généralement tous les produits de son industrie agricole et manufacturière.

Le Territoire de Belfort est traversé par 4 chemins de fer, ayant ensemble un développement de 57 kilomètres :

1° Le chemin de fer *de Paris à Bâle* passe du département de la Haute-Saône dans le Territoire de Belfort à 2 kilomètres 1/2 en deçà de la station de Bas-Évette. Au delà de Belfort, il franchit la Savoureuse, dessert Chèvremont et Petite-Croix, puis entre en Alsace-Lorraine. Parcours, 24 kilomètres.

2° Le chemin de fer *de Dôle à Belfort* n'a pas de station dans le Territoire de Belfort, où son parcours est de 7 kilomètres.

3° Le chemin de fer *de Belfort à Delle et à Porrentruy* a pour stations Meroux, Bourogne, Morvillars, Grandvillars et Delle ; au delà, il entre en Suisse. Parcours, 23 kilomètres.

4° L'embranchement *de Montbéliard à Delle* n'a, dans le

Territoire, qu'un développement de 3 kilomètres. Il se raccorde avec le chemin de fer précédent près de la station de Morvillars.

Le **canal du Rhône au Rhin**, commencé en 1784 et terminé en 1834, a son origine dans la Saône, affluent du Rhône, à Saint-Symphorien, près de Saint-Jean-de-Losne (Côte-d'Or). Entré dans le département du Jura, où il rencontre Dôle, il gagne la vallée du Doubs, qu'il suit dans presque toute la traversée du département du Doubs, où il dessert Besançon, Baume-les-Dames, Clerval et l'Isle-sur-le-Doubs. A Voujaucourt, il prend la vallée de l'Allaine, passe à Montbéliard, puis entre dans le Territoire de Belfort à l'embouchure, dans l'Allaine, de la rivière Saint-Nicolas, qu'il côtoie jusqu'à son entrée en Alsace-Lorraine. Dans le Territoire, le canal rencontre ou avoisine les localités suivantes : Bourgogne, Froidefontaine, Charmois, Brébotte, Eschêne, Bretagne et Montreux-Château, sur une longueur de 9 kilomètres 970 mètres (5 écluses et un pont-levis).

Au delà de la frontière, le canal franchit, à Valdieu (350 mètres d'altitude), la ligne de faîte d'entre Rhône et Rhin, prend la vallée de l'Ill à Dannemarie, passe à Mulhouse, envoie une branche se jeter dans le Rhin entre Huningue et Bâle, passe à Neuf-Brisach, où il rencontre le canal de Vauban, à Kuenheim où se détache un embranchement allant jusqu'à Colmar, et tombe dans l'Ill, affluent du Rhin, à 900 mètres en amont de Strasbourg. Le canal est alimenté au bief de partage par une rigole longue de 14,531 mètres, par les ruisseaux de la Loutre et de la Suarcine, par le Doubs, le Rhin et la Krafft, bras de l'Ill. Le développement total du canal est de 321,925 mètres. Depuis la perte de l'Alsace, la France ne possède plus du canal que le tronçon de 192 kilomètres compris entre Saint-Symphorien et Montreux. La pente totale du canal est rachetée par 179 écluses. Le tirant d'eau est de 1 mètre 60. La charge ordinaire des bateaux est de 90 à 100 tonnes. Le commerce consiste presque exclusivement en bois de chauffage et de construction.

Les voies de communication comprennent 687 kilomètres et demi savoir :

4 chemins de fer.	57 kil.
2 routes nationales	42
5 routes départementales.	91 1/2
3 chemins vicinaux de grande communication	86
9 chemins d'intérêt commun	156
208 chemins vicinaux ordinaires.	245
Canal du Rhône au Rhin	10

XIII

Dictionnaire des communes.

Andelnans, 294 h., c. de Belfort.

Angeot, 352 h., c. de Fontaine.

Anjoutey, 548 h., c. de Giromagny.

Argiésans, 160 h., c. de Belfort.

Auxelles-Bas, 720 h., c. de Giromagny. ⟶ Châteaux d'Auxelles, de Rosemont, de Passavant.

Auxelles-Haut, 928 h., c. de Giromagny.

Banvillars, 186 h., c. de Belfort.

Bavilliers, 1,174 h., c. de Belfort.

Beaucourt, 4,505 h., c. de Delle.

Belfort, 15,173 h. (un tiers est composé d'Alsaciens ayant opté pour la nationalité française), ch.-l. du département, ancien ch.-l. d'arrond. du Haut-Rhin, au pied des collines de la Miotte (401 mèt.) et de Justice (462 mètres); place forte de première classe couvrant le passage ouvert entre les Vosges et le Jura, passage désigné stratégiquement sous le nom de *Trouée de Belfort*. ⟶ On entre à Belfort par deux portes : la *porte de France* et la *porte de Brisach*, construites par Vauban à la fin du XVIIe s. Elles doivent être démolies, et la première enceinte de la ville sera reculée jusqu'au circuit des faubourgs. La ville se divise en trois parties : la *ville* proprement dite ; le *château* ou *citadelle* (à l'E.), nommé la *Roche de Belfort* : les *faubourgs de France*, aboutissant. à l'O., à la gare (ce faubourg a pris un grand développement depuis 1871), *de Montbéliard* au S. et *de Brisach* au N.-E. — *Église* (1729-1750), en grès rouge; elle a beaucoup souffert du bombardement de 1871, mais elle a été réparée complètement à l'intérieur et en partie à l'extérieur. A l'intérieur : frise de la nef ornée de têtes d'anges en bas-relief; orgues effondrées par les bombes allemandes et réparées depuis. — *Hôtel de ville*, renfermant le tribunal civil, le tribunal de commerce, la bibliothèque, le musée, créé par M. J.-B. Dietrich, et l'établissement des Sœurs de Niederbronn (succursale). — *Lycée* monumental, fondé (depuis 1871) par l'État avec le concours de la ville, pour la jeunesse d'Alsace. — *Monument* élevé à la mémoire des victimes du siège. — Jolie *promenade* avec *fontaine* monumentale, près de la Savoureuse. — *Fortifications*, élevées originairement, en 1687, par Vauban, et considérablement agrandies depuis 1871. Elles comprennent : l'*enceinte* de la ville (elle doit être démolie) ; la *citadelle*, ou *Roche de Belfort* (le point le plus élevé des ouvrages domine de 67 mèt. le cours de la Savoureuse) ; les forts de *la Miotte* et de *Justice*, destinés à protéger le *camp retranché du Vallon* (vaste parc d'artillerie), au N. de la ville ; les forts des *Barres*, à l'O., des *Hautes-Perches*, à l'E., du *Salbert*,

Pérouse.

au N.-O., de *Roppe*, au N.-E., de *Vézelois*, au S.-O. Les forts, plus éloignés, de *Giromagny*, au N. de Belfort, du *Mont-Vaudois*, au N. de Héricourt, et du *Mont-Bart*, au S. de Montbéliard (ce dernier protège la vallée du Doubs), sont également situés dans le rayon de Belfort. — Sur la colline de la Miotte, *tour* carrée en maçonnerie, de forme pyramidale et tronquée au sommet, considérée par les Belfortais et tous les habitants des villages environnants comme une sorte de *palladium*. Cette tour, endommagée en 1871 par les boulets allemands, s'est écroulée dans la nuit du 8 au 9 juillet 1873 ; elle a été reconstruite par l'État.

Bermont, 87 h., c. de Belfort. ⟶ Vieille église.

Bessoncourt, 396 h., c. de Fontaine.

Bethonvilliers, 187 h., c. de Fontaine.

Église de Belfort.

Boron, 304 h., c. de Delle.
Botans, 125 h., c. de Belfort.
Bourg, 87 h., c. de Giromagny.
Bourogne, 1,120 h., c. de Delle.
Brebotte, 270 h., c. de Delle.
Bretagne, 272 h., c. de Delle.
Buc, 171 h., c. de Belfort.
Charmois, 204 h., c. de Belfort.
Chaux, 616 h., c. de Giromagny.
Châtenois, 1,020 h., c. de Belfort.
Chavanatte, 174 h., c. de Delle.
Chavannes-les-Grands, 439 h., c. de Delle.
Chêvremont, 660 h., c. de Belfort. ⋙→ Église de 1783, bâtie, dit-on, par Kléber, quand il était encore architecte.
Courcelles, 205 h., c. de Delle.
Courtelevant, 293 h., c. de Delle.
Cravanche, 205 h., c. de Belfort. ⋙→ Vieux château. — Belle grotte. — Les fouilles entreprises pour la construction de nouvelles fortifications, à Cravanche et sur le mont Salbert, ont fait découvrir sous d'anciens camps fortifiés les restes de tombeaux emplis de débris préhistoriques, et une galerie unéraire, indiquée au dehors par de nombreux dolmens appartenant à la deuxième moitié de l'âge néolithique.
Croix, 305 h., c. de Delle.
Cunelières, 127 h., c. de Fontaine.
Danjoutin, 1,199 h., c. de Belfort.
Delle, 1,516 h., ch.-l. de c., dans la charmante vallée de l'Allaine. ⋙→ Ruines d'un château fort (trois tours).
Denney, 251 h., c. de Fontaine.
Dizier (Saint-), 652 h., c. de Delle. ⋙→ Dans l'église, curieux tombeaux du XII° s.
Dorans, 286 h., c. de Belfort.
Éguenigue, 227 h., c. de Fontaine.
Éloie, 173 h., c. de Giromagny.
Eschêne-Autrage, 105 h., c. de Belfort.
Essert, 577 h., c. de Belfort.
Étueffont-Bas, 273 h., c. de Giromagny.
Étueffont-Haut, 817 h., c. de Giromagny.
Évette, 494 h., c. de Giromagny. ⋙→ Vaste étang de Malsaucy.
Faverois, 374 h., c. de Delle.
Felon, 217 h., c. de Fontaine.
Fesche-l'Église, 486 h., c. de Delle.
Florimont, 434 h., c. de Delle. ⋙→ Tour, débris d'un château du XII° s.
Fontaine, 339 h., ch.-l. de c., sur le Saint-Nicolas.
Fontenelle, 103 h., c. de Belfort.
Foussemagne, 526 h., c. de Fontaine.
Frais, 150 h., c. de Fontaine.
Froidefontaine, 282 h., c. de Delle. ⋙→ L'église gothique et le presbytère sont le reste d'un monastère de Bénédictins, fondé près d'une fontaine, but d'un pèlerinage célèbre.
Germain (Saint-), 360 h., c. de Fontaine.
Giromagny, 3,156 h., ch.-l. de c., sur la Savoureuse. ⋙→ Jolie église et hôtel de ville modernes.
Grandvillars, 2,272 h., c. de Delle. ⋙→ Belle église moderne, du style byzantin.
Grosmagny, 646 h., c. de Giromagny.
Grosne, 239 h., c. de Delle.
Joncherey, 417 h., c. de Delle.
Lachapelle-sous-Chaux, 545 h., c. de Giromagny. ⋙→ Petits étangs aux carpes estimées.
Lachapelle-sous-Rougemont, 1,001 h., c. de Fontaine.
Lacollonge, 136 h., c. de Fontaine.
Lagrange, 85 h., c. de Fontaine.
Lamadeleine, 148 h., c. de Giromagny, au pied du Bærenkopf (1,077 mèt.).
Larivière, 222 h., c. de Fontaine.
Lebetain, 293 h., c. de Delle.
Lepuix, 373 h., c. de Delle.
Lepuix, 1,993 h., c. de Giromagny.
Leval, 321 h., c. de Rougemont.
Menoncourt, 290 h., c. de Fontaine.
Meroux, 611 h., c. de Belfort.
Meziré, 744 h., c. de Delle.
Montbouton, 527 h., c. de Delle.
Montreux-Château, 593 h., c. de Fontaine. ⋙→ Dans l'église, l'ancienne chapelle Sainte-Catherine, renfermant les tombes des seigneurs de Montreux, est, avec une motte féodale, tout ce qui reste de l'ancien château.
Morvillars, 672 h., c. de Delle.
Moval, 86 h., c. de Belfort.

Novillard, 187 h., c. de Belfort.
Offemont, 537 h., c. de Belfort.
Pérouse, 481 h., c. de Belfort.
Petit-Croix, 293 h., c. de Fontaine.
Petite-Fontaine (La), 214 h., c. de Rougemont.
Petit-Magny, 256 h., c. de Giromagny.
Phaffans, 252 h., c. de Fontaine.
Réchésy, 909 h., c. de Delle.
Recouvrance, 94 h., c. de Delle.
Reppe, 316 h., c. de Fontaine.
Riervescemont, 187 h., c. de Giromagny.
Rechotte, 77 h., c. de Belfort.
Romagny, 272 h., c. de Rougemont.
Roppe, 479 h., c. de Belfort. ⟶ Fort.
Rougegoutte, 824 h., c. de Giromagny.
Rougemont, 1,874 h., ch.-l. de c. ⟶ Ruines du prieuré de Saint-Nicolas du Bois, de la fin du XIIe s. — Ruines de deux châteaux. — Sur la montagne de Rougemont (800 mèt.), roche de Château-Ciseaux.
Salbert, 274 h., c. de Belfort.
Sermamagny, 445 h., c. de Giromagny. ⟶ Beaux étangs.
Sevenans, 142 h., c. de Belfort.
Suarce, 513 h., c. de Delle.
Thiancourt, 140 h., c. de Delle.
Trétudans, 238 h., c. de Belfort.
Urcerey, 199 h., c. de Belfort.
Valdoie, 732 h., c. de Belfort.
Vauthiermont, 334 h., c. de Fontaine.
Vellescot, 147 h., c. de Delle.
Vescemont, 610 h., c. de Giromagny.
Vétrigne, 176 h., c. de Belfort.
Vézelois, 439 h., c. de Belfort.
Villars-le-Sec, 227 h., c. de Delle
Vourvenans, 128 h., c. de Belfort.

3334. — Imprimerie A. Lahure, rue de Fleurus, 9, à Paris.

BELFORT.

Librairie HACHETTE & Cie

☞ *Toutes les Géographies de la collection sont en vente*

IMPRIMERIE A. LAHURE, RUE DE FLEURUS, 9, A PARIS.

www.ingramcontent.com/pod-product-compliance
Ingram Content Group UK Ltd.
Pitfield, Milton Keynes, MK11 3LW, UK
UKHW032013260826
14628UKWH00005B/2474

9 782019 128159